La Terra della Parola
Mappe di Terra Santa dal Cinquecento al Settecento

a cura di
Francesco Pettinaroli

edizioni
terra santa

© 2011, Edizioni Terra Santa s.r.l. - Milano

Per informazioni rivolgersi a:
Edizioni Terra Santa, via Giovanni Gherardini, 5 - 20145, Milano
Tel. +39 02 34592679 - Fax + 39 02 31801980
www.edizioniterrasanta.it
e-mail: editrice@edizioniterrasanta.it

Progetto grafico di Elisa Agazzi

Finito di stampare nell'ottobre 2011
da Corpo 16 s.n.c. - Bari
per conto di Edizioni Terra Santa s.r.l.
ISBN 978-88-6240-135-7

Introduzione

La passione e l'interesse per la cartografia e la stima per il lavoro della Custodia di Terra Santa[1] hanno fatto sì che in occasione dell'apertura della nuova Libreria Terra Santa a Milano mi decidessi a realizzare questo piccolo catalogo, che non vuole essere un manuale cartografico, ma vuole presentare, attraverso una ventina di mappe, il percorso e l'evoluzione della cartografia sulla Terra Santa nel corso dei secoli[2].

Dobbiamo ricordare che la Terra Santa è il soggetto della prima mappa stampata della storia (mappa che è inclusa nel *Rudimentum Novitiorum sive chronicarum historiarum epitome* di Lucas Brandis de Schass, Lubecca, 1475) e che per molti secoli la Terra Santa è stata il soggetto più importante della cartografia. Per ebrei e cristiani, per i quali la Bibbia è il fondamento della fede, Gerusalemme era e rimaneva la Città eterna e, di conseguenza, il centro del mondo, non solo dal punto di vista spirituale, ma anche materiale; le descrizioni medievali della Terra esprimevano bene questo pensiero inserendo Gerusalemme al centro di fantasiose mappe circolari che la rappresentavano come l'ombelico del mondo.

Di fatto la prima testimonianza letteraria dell'esistenza di una mappatura della Terra ci arriva dal racconto delle Sacre Scritture sulla distribuzione dei territori al popolo di Israele. Mosè distribuì la terra a oriente del Giordano ad alcune tribù; in seguito Giosuè, passato il fiume, ripartì i territori a occidente fra le tribù rimanenti. In sostanza, i capitoli dal 13 al 19 del libro di Giosuè sono tutti incentrati su questa spartizione della terra, registrata in modo così esatto da consentire in seguito ai cartografi di tracciare i confini di ogni tribù. Eravamo allora intorno al 1200 a.C.

Nel libro di Ezechiele (4,1) possiamo cogliere il primo esempio biblico di cartografia, databile al 593 a.C., quando Dio ordina al profeta ammutolito di incidere la pianta di Gerusalemme su un mattone crudo e di prefigurarne l'assedio. Piante analoghe si trovano sui monumenti di Babilonia dove il profeta visse l'esilio. Questi dati ci dimostrano che la mappatura del territorio e delle città era già conosciuta in tempi biblici.

[1] Per conoscere l'attività della Custodia di Terra Santa si consulti il sito www.custodia.org.
[2] Per la storia della cartografia della Terra Santa, da cui sono tratte molte delle informazioni contenute in questo catalogo, si veda: Eran Laor *Maps of the Holy Land*, Alan R. Liss, Inc., New York and Meridian Publishing Co., Amsterdam, 1986. Volendo approfondire la conoscenza degli aspetti storico-geografici della Palestina, si veda il puntuale e completo: Pietro A. Kaswalder *La Terra della Promessa, elementi di geografia biblica*, Edizioni Terra Santa, Milano 2010.

La prima mappa moderna della Palestina fu disegnata in Italia da Piero Vesconte nel 1320 ed inserita nel *Liber Secretorum Fidelium Crucis* del veneziano Marino Sanuto, testo che auspicava la ripresa delle crociate dopo che i musulmani avevano espugnato l'ultima roccaforte cristiana di Acri. La straordinarietà di questa mappa sta nella relativa precisione della scala e soprattutto nell'ubicazione pressoché esatta dei villaggi e delle città. La carta fu in seguito usata come base per la creazione di molte mappe della Palestina moderna.

La storia della cartografia conobbe naturalmente una notevole svolta con l'introduzione della stampa nella seconda metà del XV secolo. A questo punto la Bibbia venne tradotta in volgare e crebbe il desiderio dell'uomo comune di conoscere la conformazione della Palestina, sia antica che coeva. Se l'interesse per la conformazione della Terra Santa si deve principalmente alla storia raccontata dalle Scritture, si chiarisce la ragione della particolarità di molte delle carte ad essa riferite che insieme raccontano la storia e dipingono la geografia.

Accanto alla Bibbia, vennero illustrate con mappe anche altre opere religiose e storiche. Si deve infatti tener conto che l'invenzione della stampa coincise con l'età delle esplorazioni e delle grandi scoperte geografiche, oltre che con l'incremento dei viaggi in generale; i resoconti sempre più frequenti dei viaggiatori presto si tradussero in illustrazioni e mappe.

Gli atlanti non esistevano ancora, ma proprio alla fine del XV secolo avremo una specie di rivoluzione che segnerà la storia della cartografia.

L'invenzione della stampa consentì l'importantissima operazione di tradurre sotto forma di libro l'opera dell'alessandrino Claudio Tolomeo, astronomo, geografo e cartografo del II secolo (87-105 d.C.). Questi elaborò un vero e proprio atlante nel quale si fa uso del reticolato geografico, in cui la posizione dei luoghi è fissata mediante la loro latitudine e longitudine. L'opera grandiosa di Tolomeo consiste in una serie ordinata di nomi geografici (non solo città, ma anche fiumi, popoli etc.) accompagnati dalle loro coordinate.

La traduzione in latino darà luogo ad una rapida diffusione della *Geografia* di Tolomeo che avrà una grande fortuna grazie, soprattutto, al recupero umanistico della lingua greca; è proprio a Firenze, *novella Atene* quattrocentesca, che pervenne da Costantinopoli il primo codice della geografia tolemaica. L'invenzione della stampa intervenne a diffondere l'opera. La prima edizione, comprendente solo il testo, fu stampata a Vicenza nel 1475. Nel 1477 seguì l'edizione bolognese corredata delle carte e nel 1478 ne comparve un'altra che racchiudeva tutte le 27 carte della redazione tolemaica più comune dei codici greci, in cui la Terra Santa è chiamata *Quarta Asiae Tabula*.

Nel 1482 Francesco Berlinghieri pubblicò un proprio rifacimento in volgare della *Geografia* con tutte le 27 carte dell'edizione originale, alle quali si aggiungevano altre tavole moderne fra cui anche quella della Palestina, la prima dopo quella di Vesconte.

A partire da questo momento, e fin verso la fine del XVI secolo, praticamente tutte le Geografie di Tolomeo pubblicate includono due mappe della Terra Santa: la *Quarta Asiae Tabula*, di geografia antica, e la *Tabula moderna*, relativa alla geografia coeva.

Per avere un vero e proprio atlante si dovrà ancora aspettare quasi un secolo.

Per tutto il Cinquecento, oltre alle varie traduzioni ed edizioni dell'opera di Tolomeo, vi fu una grande produzione di fogli e mappe sciolte, materiale che divenne presto oggetto di interesse da parte di ricchi signori e mercanti che diedero inizio alla storia del collezionismo di carte e alla loro rilegatura in preziosi volumi per evitarne la dispersione.

Il più noto fra questi cartografi, editori e venditori di mappe, fu Antonio Lafrery (francese, ma romano d'adozione) che per primo ebbe l'idea di raccogliere questi fogli, frutto di produzioni indipendenti, in volumi destinati alla vendita. Si trattava però di raccolte non omogenee, essendo realizzate da autori, e in formati, differenti; un lavoro di grandissima importanza, senza il quale molte mappe, stampate in poche unità, sarebbero andate definitivamente perdute.

Oggi, sul mercato mondiale della cartografia, le cosiddette "carte lafreriane" sono quelle più ambite, ricercate e di maggior valore.

La pubblicazione del primo atlante (questa denominazione, però, è successiva) avvenne nel 1570 con l'opera di Abraham Ortelius che con il suo *Theatrum Orbis Terrarum* segnò una vera e propria svolta. L'opera riunisce in un unico corpo, omogeneo per formato, disegno e tratto, l'eterogenea cartografia del periodo, costituendo la base per un'impresa editoriale di enorme successo, stampata fino al 1612.

Fu Gerard Mercator ad introdurre la parola *Atlas* per definire la sua collezione di mappe, anche se morì prima della pubblicazione dell'edizione completa del suo *Mercator Atlas sive cartographicae meditationes de fabrica mundi et fabrica figura* (1595) che riporta nel frontespizio la figura del mitico Atlante in atto di misurare la Terra anziché sorreggerla come vuole l'antica mitologia.

Siamo in pieno periodo di viaggi e scoperte e il desiderio di vedere e sapere come erano fatte queste terre lontane ed irraggiungibili, decretò il successo della cartografia e degli atlanti, i quali conquistarono presto un vasto pubblico.

Come dicevamo, quasi tutto il XVI secolo è stato caratterizzato dall'edizione delle varie *Geografie* di Tolomeo, tradotte e commentate in varie edizioni, e dalla produzione di una grande quantità di mappe singole di fattura principalmente italiana, riunite poi sotto il nome di "carte lafreriane".

Il XVII secolo vede il trionfo della cartografia, rispetto alla quale è definito "il secolo d'oro". La diffusione di questa branca della geografia si deve soprattutto all'opera di cartografi e geografi olandesi che, potendosi avvalere delle informazioni ottenute dagli esploratori loro connazionali in giro per il mondo, diedero vita ad una serie di atlanti sempre più spettacolari; tali opere si distinguono per l'eleganza del disegno, la raffinatezza e la cura dei ricchi cartigli allegorici, le splendide coloriture e le sontuose legature in pelle o pergamena, spesso decorate in oro.

Pochi sono i cartografi che in questo periodo riescono ad inserirsi nel predominio olandese, predominio però che si esaurisce alla fine del Seicento. Col secolo barocco s'instaurano nuove scuole, soprattutto francesi e tedesche, le quali danno vita ad una serie di atlanti anche più grandi, come dimensione, di quelli olandesi, senza però raggiungerne mai il fascino e lo sfarzo.

Ritornando alla nostra Terra Santa, sarà assai curioso e piacevole notare come le mappe, a quei tempi, non fossero generalmente concepite secondo l'orientamento nord/sud in uso oggi: i cartografi medievali e moderni, infatti, non si avvalevano del nostro stesso punto di vista.

Le mappe presenti in questo piccolo catalogo illustrano differenti modi di osservare il territorio dai quattro punti cardinali.

Avremo quindi una visione nord/sud che deriva dalla *Quarta Asiae Tabula* di Tolomeo; la scelta di questo orientamento è facilmente comprensibile se si tiene presente che, vivendo ad Alessandria d'Egitto, il cartografo osservava il paese che si estendeva a nord davanti a lui. Alla visione tolemaica si contrappone quella delle tavole cosiddette moderne, disegnate dal punto di vista del navigante che dall'Europa si avvicina alla costa dal mare e quindi da occidente; in questo caso il paese è illustrato come se si estendesse davanti a noi, con la linea costiera che segue il bordo inferiore della mappa e la terra vista verso est, con il sud a destra e il nord a sinistra (un po' la visione che si ha ora arrivando da occidente in aereo).

Abbiamo carte in cui la Terra Santa sembra essere osservata dal suo interno, come se il cartografo si fosse posizionato sulle colline di Gerusalemme per ammirare tutta la regione sotto di sé e il mare in lontananza. In questi casi l'est è mostrato sul bordo inferiore, la costa occidentale segue il margine superiore, il nord si trova a destra e il sud a sinistra.

Molto suggestiva, infine, anche la visione del viaggiatore, pellegrino o crociato che fosse, che si avvicinava alla Terra Santa attraverso la Siria o la Turchia e quindi, arrivando via terra da nord, vedeva la sua meta da un'altra prospettiva ancora, in direzione sud; in questo caso la riproduceva con il nord nel bordo inferiore e il sud in quello superiore del foglio, cosicché il mare risultasse alla nostra destra e il deserto siriano a sinistra.

Tutto ciò vuole essere solo un breve cenno, una piccola introduzione (senza alcuna pretesa di esaustività) capace di offrire agli amanti della *Terra della Parola* gli elementi essenziali per poter leggere le mappe illustrate in questo catalogo, con l'auspicio che la mostra in occasione della quale sono state esposte possa essere un'opportunità per avvicinare, far scoprire ed appassionare al fantastico e misterioso mondo della cartografia.

Francesco Pettinaroli

Il volume riproduce le stampe esposte in occasione della mostra "La Terra della Parola", allestita nel mese di novembre 2011 presso la Libreria Terra Santa di Milano.

Mappe di Terra Santa
dal Cinquecento al Settecento

Autore: Martin WALDSEEMÜLLER - Claudio TOLOMEO

Titolo: Tabula moderna Terre Sancte

Anno: 1513

Tecnica: Xilografia

Misure: 565x330 mm

R ara ed importante carta, in bella e leggera coloritura
coeva, tratta dalla prima edizione della *Geographie
Opus Novissima Traductione*, curata dal Waldseemüller
ed edita a Strasburgo da J. Schott nel 1513.
Si tratta di una delle più importanti edizioni del Tolomeo,
contenente 20 nuove mappe, basate sulle ultime scoperte
e conoscenze, che si vanno ad aggiungere al consueto *corpus*
di 27 carte componenti la Geografia Tolemaica sul modello
dell'Atlante edito a Ulm nel 1482.
È orientata verso est, secondo il punto di vista del navigante
che si avvicina alla Terra Santa dal mare. L'autore, con grande
suggestione, sembra guidare l'osservatore nell'approdo alla Terra
attraverso il vascello che si avvicina alla costa di fronte a Jaffa.
Sopra il mare la linea costiera, che va da Sidone a Gaza;
sulla costa, nella metà sinistra del foglio, si staglia il Monte
Carmelo disegnato come un robusto albero con due rami
distesi. La terra è divisa nelle 12 tribù, che si dispongono
sino al confine tracciato dalle montagne. I Monti del Libano
e l'Hermon a nord e la catena delle alture lungo tutto
il confine orientale fanno come da cornice alla mappa.
Appena sotto le montagne si estende il lungo corso del
Giordano che, procedendo da nord verso sud, attraversa
i mari di Galilea e Tiberiade prima di entrare nel lungo
e stretto mar Morto, nella cui parte meridionale
si identifica la regione di Sodoma.

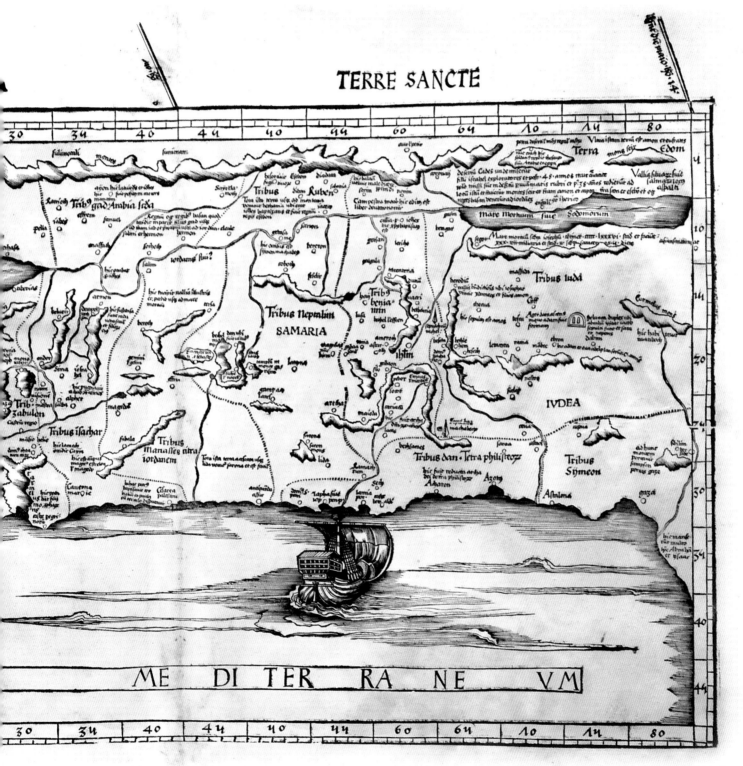

TERRE SANCTE

ME DI TER RA NE VM

Autore: Sebastian MÜNSTER - Claudio TOLOMEO

Titolo: *Terra Sancta XVI nova tabula*

Anno: 1540

Tecnica: Xilografia

Misure: 255x345 mm

Mappa tratta dalla *Geographia* curata da Münster ed edita a Basilea da H. Petri nel 1540. La Terra è divisa nelle 12 tribù con la linea costiera che va da Beirut (in basso a destra) a Gaza (in alto a sinistra), secondo il punto di vista del viaggiatore che, pellegrino o crociato che fosse, arrivando via terra dalla Siria o dalla Turchia, vedeva il paese estendersi davanti a sé verso sud/ovest. La linea del mare si estende quindi in direzione nord – sud/ovest, cosicché il mare sta a destra e il deserto siriano a sinistra. La carta è caratterizzata dalla presenza di molte illustrazioni di carattere geografico e storico biblico, fra cui un grande accampamento di pastori in basso a sinistra. Ci mostra, ad est del Giordano, le ultime dieci stazioni dell'Esodo; all'altezza della 35° stazione si riconosce il serpente di bronzo (antidoto di Mosè contro i morsi dei serpenti mandati dal Signore contro il popolo di Israele ribelle e sfiduciato); poco più sotto bruciano nel Mar Morto Sodoma e Gomorra. Al di là del Giordano l'autore descrive la Terra con particolare attenzione ai luoghi cari alla vicenda del Gesù storico.

Autore: Girolamo RUSCELLI - Claudio TOLOMEO

Titolo: *Soria et Terra Santa nuova tavola*

Anno: 1561

Tecnica: Incisione su rame

Misure: 260x200 mm

Tavola tratta dalla *Geographia di Tolomeo* a cura del Ruscelli, pubblicata a Venezia in più edizioni fra il 1561 e il 1598. La mappa è basata sulla *Geographia* di Giacomo Gastaldi del 1548 che, con ogni probabilità, è anche l'autore delle tavole di questa edizione, incise dai fratelli Sanuto. La peculiarità di queste mappe è data dal fatto che sono incise due per lastra e successivamente tagliate, motivo per cui il segno del rame appare solo su tre lati del foglio. La carta, con il classico orientamento nord/sud, ci mostra la costa della Siria e della Palestina su entrambi i lati del fiume Giordano con la divisione nelle 12 tribù.

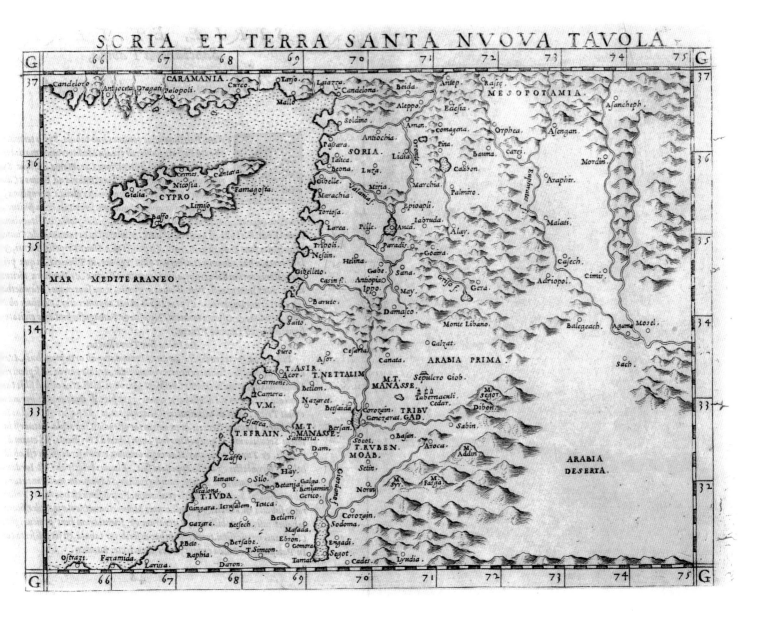

SORIA ET TERRA SANTA NVOVA TAVOLA

CARAMANIA.

MESOPOTAMIA.

MAR MEDITERRANEO.

SORIA

CYPRO

ARABIA PRIMA

ARABIA DESERTA.

13

Autore: Heinrich BÜNTING

Titolo: *Des Heilige Landes*

Anno: 1582

Tecnica: Xilografia

Misure: 375x265 mm

Carta della Palestina affascinante per il suo disegno costruito su tre linee diagonali parallele: la linea costiera, che corre da Sidone a Gaza; il corso del Giordano, dal confine con il Libano al Mar Morto (rappresentato con una singolare forma a mezzaluna); le alture che segnano il confine orientale. Presenta il territorio al di qua e al di là del Giordano con la divisione nelle 12 tribù e le regioni del tempo di Gesù: Galilea, Samaria e Giudea. La carta è tratta dall'opera *Itinerarium Sacra Scriptura* edita a Helmstadt da J. Lucius.

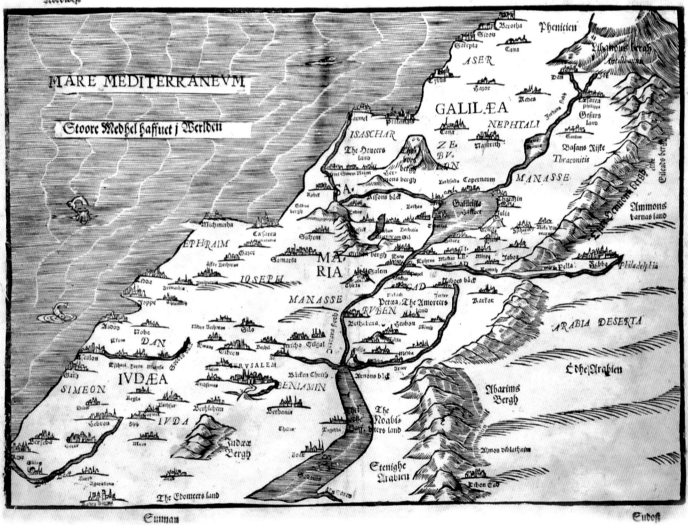

Autore: Giovanni Antonio MAGINI - Claudio TOLOMEO

Titolo: *Palestina vel Terra Sancta*

Anno: 1596

Tecnica: Incisione su rame

Misure: 135x180 mm

Moderna mappa della Palestina ripresa, in scala ridotta, da quella disegnata e pubblicata da Ortelio nel suo celebre atlante (cfr. pag. 20). La presente carta, inserita in pagina di testo in lingua volgare, è tratta dalla *Geographia* di Tolomeo curata dal Magini, stampata e pubblicata a Padova. Nella carta, che prende in esame la geografia della Palestina inserita tra Libano, Siria ed Egitto, si distingue il tracciato del percorso del popolo di Israele, dalla schiavitù a Ramses, in Egitto, sino al passaggio del fiume Giordano a nord del Mar Morto e alla conquista del territorio sino a Jaffa (qui denominata Ioppe e che oggi forma il centro storico di Tel Aviv), sulla costa.

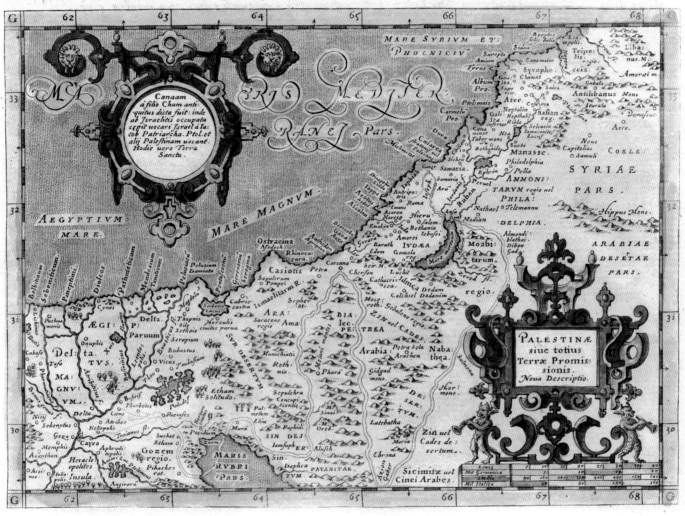

Autore: Giovanni Antonio MAGINI - Claudio TOLOMEO

Titolo: *Tabula Asiae IIII*

Anno: 1596

Tecnica: Incisione su rame

Misure: 124x169 mm

Tavola in proiezione tolemaica che raffigura il Mediterraneo orientale e parte del Medio Oriente, da Cipro a Babilonia. Sulla linea costiera della Palestina l'autore mette in evidenza le località principali: Azutus (Ashod), Ioppe, Cesarea, il Monte Carmelo, Tolemaide e Sidone. Tolemaide è il nome con cui venne chiamata dal 261 a.C. l'antichissima città di Acco, sede dell'importante porto da cui partirono le navi del figlio di Ciro contro l'Egitto (530-522 a.C.). Da questa città Erode il Grande cominciò la conquista dei territori che Augusto gli aveva assegnato per dar vita al regno dei Giudei. Acco conobbe la pagina più gloriosa della sua storia al tempo dei crociati, durante il regno latino di Gerusalemme (1191-1291), quand'era chiamata San Giovanni d'Acri. La carta, inserita in pagina di testo in lingua italiana, è tratta dalla *Geographia* di Tolomeo, curata dal Magini, stampata e pubblicata a Padova.

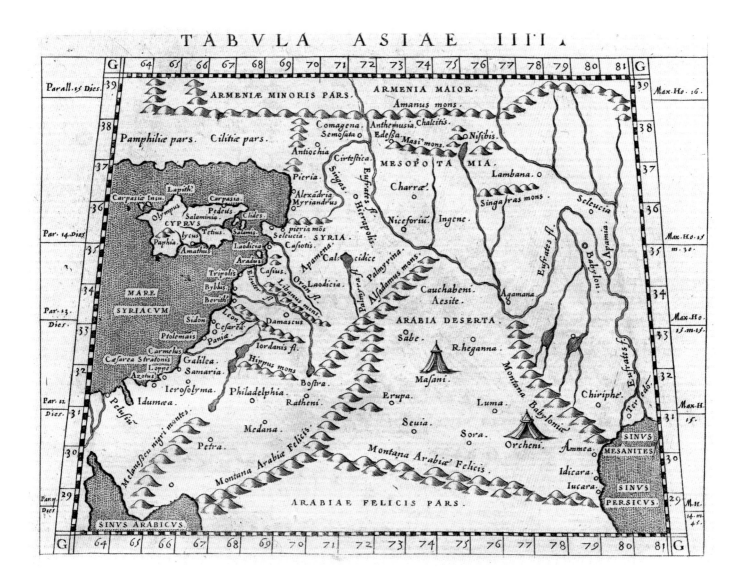

TABVLA ASIAE IIII.

Autore: Abraham ORTELIO

Titolo: *Palestinae sive totius Terrae Promissionis nova descriptio*

Anno: 1601

Tecnica: Incisione su rame

Misure: 342x454 mm

Tavola in bella coloritura d'epoca tratta dal celeberrimo *Theatrum Orbis Terrarum* (prima edizione, Anversa 1570) che di fatto è il primo atlante moderno, comprendente carte di tutto il mondo raccolte in maniera omogenea per formato, struttura e disegno. La presente copia, con testo al verso in latino, proviene dall'edizione del 1601, stampata ad Anversa dall'Officina Platiniana – Johannes Moretus.

La carta si presenta nel classico orientamento nord/sud con la linea costiera che corre da Beirut al delta del Nilo. Vi è tracciato il cammino del popolo d'Israele che dall'Egitto, attraverso un tortuoso percorso, giunge alle steppe di Moab a nord del Mar Morto (visto curiosamente a forma di mezzaluna) e passa il fiume Giordano nella conquista della Terra di Canaan sino al Mediterraneo.

La legenda in alto a sinistra e il titolo in basso a destra sono racchiusi in eleganti cartigli in stile manierista tipici del lavoro di Ortelio.

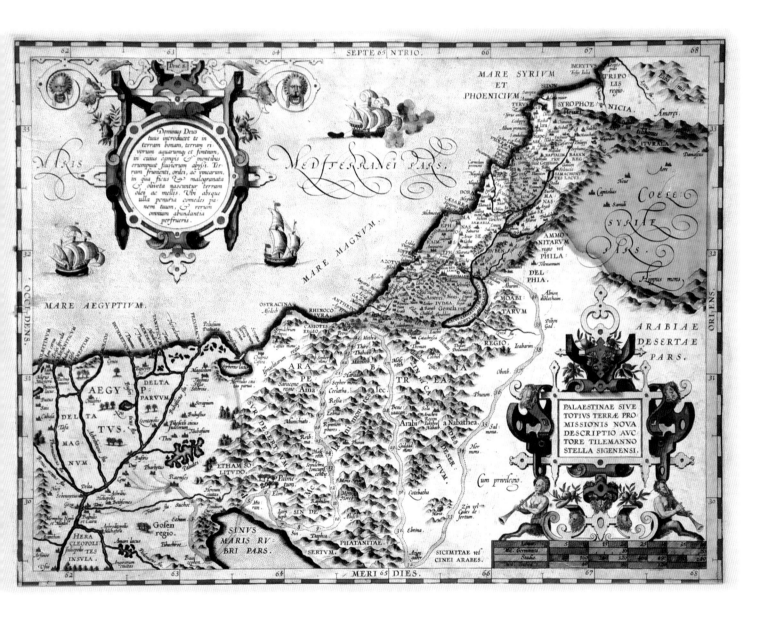

Autore: Abraham ORTELIO

Titolo: *Terra Sancta*

Anno: 1601

Tecnica: Incisione su rame

Misure: 75x106 mm

Carta della Terra Santa che si estende sulla linea costiera da Beirut al delta del Nilo e all'interno da entrambe le parti del Giordano. L'autore traccia il percorso dell'esodo del popolo di Israele: da Ramses in Egitto, attraverso il Mar Rosso e con un giro tortuoso nel deserto, sino al Giordano a nord del Mar Morto. La carta proviene da *Il Theatro del mondo*, edizione in forma ridotta ed economica del monumentale *Theatrum Orbis Terrarum*.

TERRA SANCTA

Mare Magnum

Berytus
Sidon
Tyrus
Ptolemais
TRIPOLIS.
Antilibanus mons
Samachonitus lacus
Damascus
GALILAEA.
Caesarea
Genezaret lacus
COELE = SYRIA.
Iope
Lydia
Ascalon
Berfala
Gaza
Anthedon
Raimcorea
Ismaena
Emaus
Hierusalem
Hebron
IVDAEA.
Mare mortuum
Moabitae
ARABIAE DESERTAE PARS.
Occidens
Persen specula
Omos
Taras
Pelusium
Gerra
Castus mons
Cades
Sur desertum.
Petra
Oriens.
Onuphis
Sirbonis lacus
Vicus Iudeorum
ARABIA PETREA.
Mons Sinai
AEGYPTVS.
Delta
Paludes
Rameses
Herorum civitas
Nilus flu.
Gosen.
Maris Rubri sinus.
Meri dies.

Leucae.	5	10	15	20	25	30	35	40
Mil. German.		5		10		15		20
Stadia.	80	160	240	320	400	480	560	640
Mil. Italica.		40		80		120		160

Autore: Gerard MERCATORE

Titolo: *Tabula Cananaeae prout tempore Christi et Apostolorum divisa fuit*

Anno: 1608

Tecnica: Incisione su rame

Misure: 149x187 mm

Tavola della Terra Santa in splendida coloritura coeva che ci mostra la divisione del paese al tempo di Gesù. La carta comprende il territorio da entrambi i lati del Giordano, ma dà particolare risalto alla terra abitata da Gesù: Giudea, Samaria e Galilea, divisa in inferiore e superiore. È orientata verso ovest, come se il cartografo si trovasse sulle colline di Gerusalemme e il suo sguardo spaziasse tutt'intorno, con il mare in lontananza. La linea costiera corre da Sidone e Gaza. La carta è tratta da un'edizione francese del celebre *Atlas Minor* che venne pubblicato per la prima volta nel 1607 da Jodocus Hondius come versione tascabile dell'*Atlas* di Mercatore. Le mappe si basano in parte sul lavoro mercatoriano del 1598 e in parte sulle mappe dello stesso Hondius pubblicate nel 1606. L'*Atlas Minor* ebbe enorme popolarità grazie al formato ridotto e al prezzo inferiore rispetto agli atlanti in-folio e quindi ne vennero pubblicate molte altre edizioni arricchite di aggiornamenti.

MARIS MEDITERRANEI

PARS

Anthedon seu Agrippias
Gazeorum portus seu Majuma
Tribus
Raphia
Gaza
Ascalon
Azotus sive Asdod
Dan
Accaron qux et Ecron
Iamnia
Ioppe seu Iaffa
Apollonia
Cæsarea Stratonis
Simeon
Beerfaba
PALESTINA
Eleutheropolis
Gebelim
Lydda
Arimathæa
Saran R.
Lachis
Antipatris
Dora
Carmelus mons
Sycaminum
quæ et Idumæa su rior
Kegila
Modin
Thamna
Manasse
Carpha
Ptolemais seu Acon
Saro torrens
Tyrus
Bætogabri
Thimma
Eleutheropolis
Megiddo mons
Legio
Zabulon
Eddippa
Quattuor fontes
IUDÆA
Emmaus
Sichem
Sichar
Fons Iacob
Gabaa
Seppon
Cana minor
Gifada
LI
Affer
Sampta
Sidon
Hebron
Sephar
Rama
Bethfura
Hierufalem
Gophna
Drufus
Ephraim
GAL Zabulon
Nazareth
Sephor
Thabor mons Dothaim
Gabala
Nafon
GALILÆA
Calmel
Gederothaim
Bethphage
Bethania
Bahurim
Kedron torrens
Archelais
Alexandrium
Samaria vel Sebaste
LÆA INFERIOR
Naim
Bethlehem
Chabul
SUPERIOR seu
Maon
Herodium
Thecoa
Iericho
Phafelis
Cyprum
SAMARIA
Ginee
Dalmanutha
Tiberias
Sephet
GENTIŨ
Thamaro
Bedero
Engadda
Fons Elifei
Zoar
Gilgal
Bethabara
Isachar
campus
Ituburius Mons
Gifon fluv
Tiberias
Taricheæ
Magdalon
Bethfaida
Capernaũ
Chorazin quæ et Iuliada
Kedes
Affor
Nephthalim
Zeboim
Adama
Gomorrha
Asphaltites Lacus
Callirhoe
Magn?
Salim
Mare Galilæe Genesaret seu Tiberiadis
Hippus
Gadara
Samachonitis
Gamala
Sueta
Seleucia
item Mare Mortuũ et Salfum
Abila
Ænon
Suchoth
Hippus
Bethfan quæ et Scythopolis
Betaramp htha
Georgese norum
Pella
Manasse
Ganlana
MOABITIS REGIO
Dium torrens
Isaiop
PERÆ
Rubene
Hesbon
Ephron seu Iulias
Gad
Maspha
Pniel
Barath Casbun
Mageth
Jabis
Regio
Rama
TRACHONITIS
Hippus
DECAPOLIS

Jazar
Amonitis R.
Rhaphana
Dium seu Hippodium
Gerasa
Tob
Philadelphia

Autore: Willem Janszoon BLAEU

Titolo: *Terra Sancta quae in Sacris Terra Promissionis olim Palestina*

Anno: 1629

Tecnica: Incisione su rame

Misure: 381x498 mm

Carta geografica, in bella coloritura d'epoca, dell'intera Palestina che si estende sino al delta del Nilo, nel tipico orientamento verso ovest, molto usato nel XVII secolo. Nel Mar Rosso le forze del faraone stanno affogando. Il fiume Giordano nel suo corso attraversa il lago di Merom e il Mare di Galilea sino al Mar Morto che, al pari del Mar Rosso, ha una forma di fantasia. Il ricco cartiglio decorativo contenente il titolo è sorretto ai lati da Mosè, con le Tavole della Legge, e da Aronne in vesti sacerdotali.

La carta, tratta dall'*Atlas Major* edito ad Amsterdam, fu disegnata da J. Hondius junior che però morì nel 1629 prima della sua pubblicazione. Blaeu comprò la lastra, sostituì il nome di Hondius con il proprio ed incluse la mappa nella prima edizione del suo Atlante e in tutte le successive, senza però modificare la data.

La produzione dell'Atlante della famiglia Blaeu continuò ad espandersi sino ad arrivare alla celebre *Geographia Blaeuiana* in 12 volumi contenenti oltre 600 mappe. Questa fu, e rimane, la più importante opera di questo genere mai prodotta. Nel 1672 un incendio distrusse la casa editrice di Blaeu, che l'anno successivo morì.

Le lastre e le mappe che scamparono alle fiamme vennero gradualmente disperse e alcune furono acquistate da altri editori olandesi prima della chiusura definitiva dell'attività nel 1695.

Autore: Johannes JANSSONIUS

Titolo: *Palestina, sive Terrae Sanctae descriptio*

Anno: 1630

Tecnica: Incisione su rame

Misure: 436x567 mm

In assoluto una delle carte più decorative della Terra Santa.
Orientata verso est, quindi secondo una visione del viaggiatore che arriva dal mare, ci mostra un'ampia linea costiera che va da Sidone fino ad Alessandria e la divisione interna nelle 12 tribù.
La mappa è animata da numerose figurine che rendono viva la geografia. Sul delta del Nilo si individuano gli schiavi in Egitto, e da questo punto parte un tracciato che indica il tortuoso percorso del popolo dell'Esodo dall'Egitto alla Terra Promessa. Sono riconoscibili numerose scene a partire dai soldati del faraone che affogano nel Mar Rosso, sino all'arrivo alle steppe di Moab a nord del Mar Morto. In basso a destra l'enorme accampamento suddiviso nelle 12 tribù circonda il tabernacolo nel deserto. Le 18 vignette che corrono lungo i bordi della mappa riprendono nei momenti più importanti il soggetto, ripercorrendo il cammino del popolo ebraico, dalla schiavitù alla salvezza. Le scene sono da leggersi dalla fascia in alto (da sinistra verso destra), alla fascia in basso (da destra a sinistra): Israele sotto la schiavitù d'Egitto, Mosè salvato dalle acque, il lamento del popolo, Mosè e il roveto ardente, Mosè davanti al faraone, Mosè in preghiera, la partenza del popolo, l'apertura delle acque del Mar Rosso, i soldati del faraone affogano nel mare, il serpente di bronzo, gli esploratori ritornano dalla ricognizione in Canaan, Mosè fa scaturire l'acqua dalla roccia, le quaglie, Mosè di ritorno dal monte infrange le Tavole della Legge, il popolo adora il vitello d'oro, Mosè riceve di nuovo le Tavole sul monte, la raccolta della manna, il cammino del popolo con l'Arca dell'Alleanza.
Sopra, in una tavola a parte, l'ingresso di Gesù a Gerusalemme.
La mappa è inserita soltanto in pochi tra gli atlanti del Janssonius a partire dall'*Atlas Appendix* del 1630 edito ad Amsterdam.

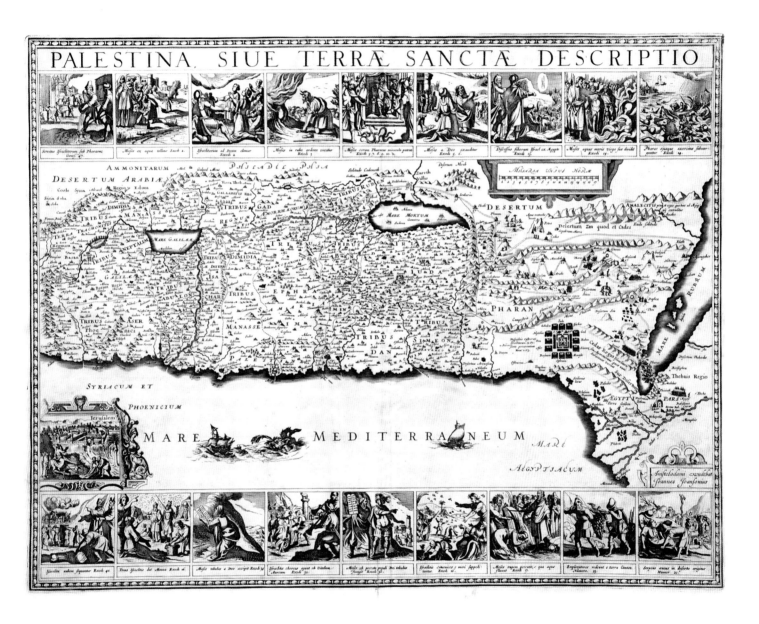

PALESTINA, SIUE TERRÆ SANCTÆ DESCRIPTIO

Autore: Jacobus TIRINUS

Titolo: *Chorographia Terrae Sanctae in angustiorem formam redacta et ex variis auctoribus a multis erroribus expurgata*

Anno: 1632

Tecnica: Incisione su rame

Misure: 324x837 mm

Splendida ed assai decorativa carta della Terra Santa, corredata di illustrazioni, stampata su due fogli uniti. La carta è orientata verso est, con una visione quindi dal mare verso la costa; ci mostra il paese da Sidone sino al delta del Nilo, il percorso dell'Esodo del popolo di Israele e la distribuzione delle tribù al di qua e al di là del Giordano. In basso al centro, in un inserto ovale, l'antica pianta di Gerusalemme con in basso la valle del Cedron e il Monte Sion dentro la cerchia di mura. I bordi della mappa sono arricchiti da disegni che si riferiscono al Tempio di Salomone: la pianta, gli alzati, gli interni, gli arredi, gli officianti, il tributo. La mappa è tratta dall'opera di J. Tirinus *Commentarius in Vetus et Novum Testamentum*, edita ad Anversa da M. Nuntius. L'incisore della carta è probabilmente Cornellius Galle, mentre la pianta di Gerusalemme nell'inserto è opera di Villalpando.

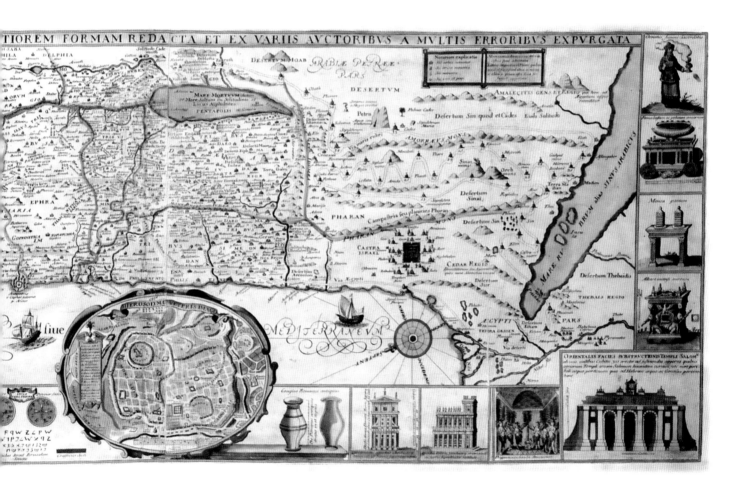

Autore: Gerard MERCATORE

Titolo: *Terra Sancta quae in Sacris Terra Promissionis Palestina*

Anno: 1676

Tecnica: Incisione su rame

Misure: 189x254 mm

Carta geografica della Palestina orientata verso est. La linea costiera da Beirut fino a Gaza, piuttosto distorta dalla realtà, abbonda di profonde baie e promontori; l'ampio divagare del Giordano è anch'esso immaginario.

All'interno del Mar Morto vengono rappresentate le città di Sodoma, Gomorra, Adman e Zeboim in fiamme.

La mappa, che si rifà alla popolare carta di Ortelio del 1584 disegnata da C. Schrut, è tratta da *Atlas sine Cosmographicae Meditationes* edito ad Amsterdam da J. Jansonius van Waesberge.

Si tratta di una delle tante riduzioni del classico *Atlas* mercatoriano che grazie al formato ridotto e al conseguente prezzo inferiore, ebbe tanto successo e diffusione nel XVII secolo.

Autore: Henricus HONDIUS

Titolo: *Situs Terrae Promissionis. S.S. Bibliorum intelligentiam exacte aperiens per Chr. Adrichom*

Anno: 1642

Tecnica: Incisione su rame

Misure: 370x494 mm

Carta della Palestina in splendida coloritura coeva con orientamento verso est e linea costiera che corre da Sidone fino ad Alessandria d'Egitto. Ci mostra la classica divisione delle tribù da entrambe le parti del Giordano e il percorso del popolo di Israele nel lungo peregrinare nel deserto da Ramses, attraverso il Mar Rosso, sino al Giordano a nord del Mar Morto. Tutta la parte superiore del foglio è elegantemente decorata da una ghirlanda carica di fiori e frutti, al di sotto della quale vi è un testo inserito in cartiglio sorretto da due cherubini. In basso a sinistra stanno solennemente ad osservare Mosè e Aronne che, come hanno condotto Israele alla Terra Promessa, così sembrano oggi condurre noi alla lettura della sua geografia. La carta è tratta da *Nouveau Theatre du Monde ou Nouvel Atlas*, pubblicato ad Amsterdam da J. Jansonius e H. Hondius.

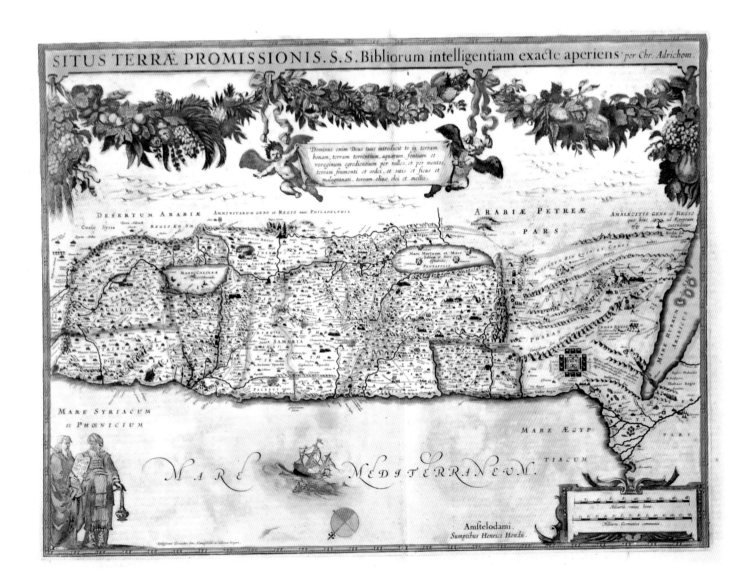

SITUS TERRÆ PROMISSIONIS. S.S. Bibliorum intelligentiam exacte aperiens *per Chr. Adrichom.*

MARE MEDITERRANEUM.

Autore: Frederick DE WIT

Titolo: *Terra Sancta sive Promissionis, olim Palestina*

Anno: 1680

Tecnica: Incisione su rame

Misure: 458x553 mm

Mappa della Terra Santa orientata verso ovest come se dalle alture ad est del Giordano si guardasse la terra che si estende davanti a noi sino al mare, animato da numerosi velieri. La costa corre dal confine con la Siria sino all'Egitto e presenta la divisione nelle 12 tribù al di là e al di qua del Giordano. Il cartiglio contenente il titolo in alto è adornato da una ghirlanda floreale sorretta da cherubini. In basso al centro l'autore inserisce una raffigurazione dell'accampamento delle tribù che circonda il tabernacolo nel deserto; ai due fianchi, come da quinta architettonica, le figure di Mosè e Aronne. La carta è tratta da *Atlas* di F. de Wit, stampato ad Amsterdam.

Autore: Johannes Baptiste HOMANN

Titolo: *Iudaea seu Palaestina… hodie dicta Terra Sancta…*

Anno: 1707

Tecnica: Incisione su rame

Misure: 484x560 mm

Mappa della Palestina in bella coloritura d'epoca nel classico orientamento nord/sud, divisa nelle 12 tribù. I confini della Palestina, colorata, sono delineati dai profili in bianco e nero delle catene montuose dei paese limitrofi. Due ricchi cartigli con figure tracciate in bianco e nero ornano gli angoli dell'opera, riempiendo gli ampi spazi liberi del mare e del deserto. Il grande e fastoso cartiglio contenente il titolo (in alto a sinistra) mostra Mosè mentre riceve le Tavole della Legge sul Monte Sion. L'altro cartiglio (nell'angolo inferiore destro) mostra Mosè e Aronne intenti ad osservare una piccola mappa raffigurante il percorso dell'Esodo - dall'Egitto, attraverso il Mar Rosso, alla Terra Promessa - in attesa del ritorno dalla Terra di Canaan degli esploratori raffigurati alle loro spalle, carichi di un magnifico grappolo d'uva, segno di una terra florida e prospera. La tavola è tratta da *Atlas Novus Terrarum* edito a Norimberga a partire dal 1707 da uno dei grandi interpreti della scuola cartografica tedesca del XVIII secolo, J.B. Homann.

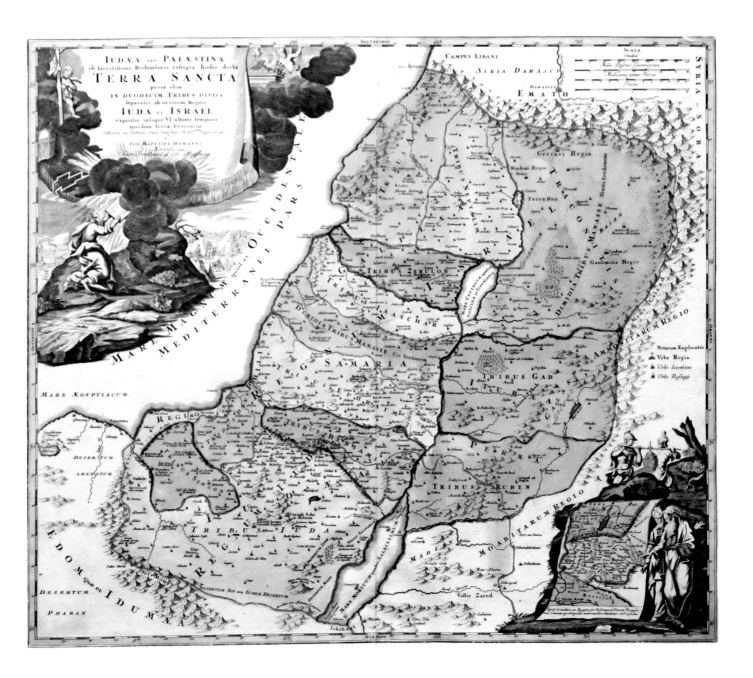

IUDÆA seu PALÆSTINA
ob sacratissima Redemtoris vestigia hodie dicta
TERRA SANCTA
prout olim
IN DUODECIM TRIBUS DIVISA
separatis ab invicem Regnis
IUDA et ISRAEL
expositis insuper VI ultimi temporis
ejusdem Terræ Provinciis
collecta ex Tabulis Guil. San.Song : Brouct:m: Cypo: novo
et
IOH. BAPTISTA HOMANNO
Norimbergæ

Autore: Abate VALLEMONT

Titolo: *La Palestine, Iudee, Terre Promise ou Terre Sainte*

Anno: 1748

Tecnica: Incisione su rame

Misure: 147x215 mm

Mappa non comune della Palestina divisa nelle 12 tribù, con orientamento verso ovest, come se il cartografo dalle colline di Gerusalemme stesse osservando l'estensione della terra sotto di sé, con il mare in lontananza a ovest e il deserto a est. La carta è molto ben delineata e precisa nella sua costruzione: il Mar Morto e il Mare di Galilea sono ben proporzionati, così come il fiume Giordano scorre tranquillo senza quelle tortuosità che si possono riscontrare in altre mappe. Esternamente al bordo si trovano 12 scudi preparatori lasciati vuoti. La loro presenza si comprende tenendo conto che la carta non nasce singolarmente, ma fa appunto parte di un Atlante che prevedeva, accanto alla mappa dei vari stati, gli stemmi decorati dei rispettivi ducati, regni o staterelli. Ovviamente per la Palestina di quel periodo non vi erano stemmi da poter inserire e quindi gli spazi furono lasciati in bianco. La carta è tratta da *Elementi della Storia* edita a Venezia da Albrizzi, versione italiana dell'edizione francese originale dell'Abate di Vallemont.

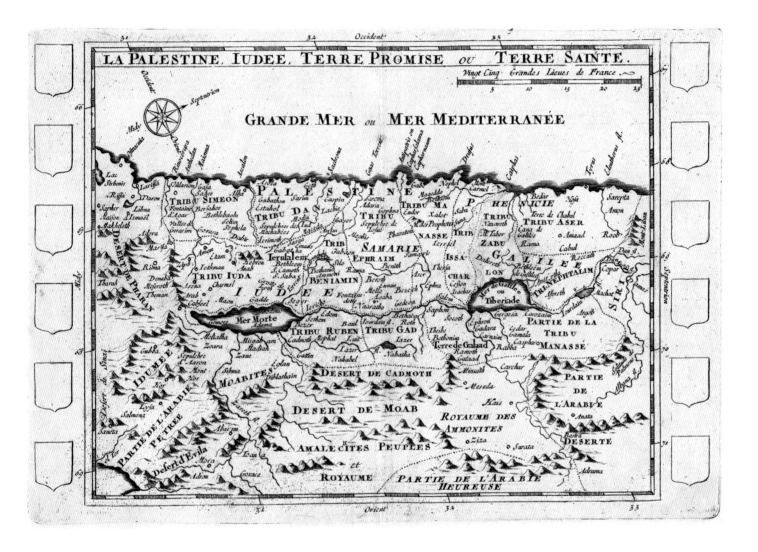

LA PALESTINE, IUDEE, TERRE PROMISE *ou* TERRE SAINTE.

Vingt Cinq Grandes Lieues de France

GRANDE MER *ou* MER MEDITERRANÉE

PALESTINE

PHENICIE

TRIBU SIMEON
TRIBU DAN
TRIBU MA
TRIBU ASER
TRIBU ZABU
SAMARIE
TRIBU EPHRAIM
NASSE
ISSA-LON
GALILEE
TRIBU NEPHTALIM
Ierusalem
TRIBU IUDA
BENIAMIN
Mer de Galilée ou Tiberiade
CHAR

IUDEE

SIRIE

DESERT DE PHARAN

Mer Morte

TRIBU RUBEN
TRIBU GAD
PARTIE DE LA TRIBU MANASSÉ

Terre de Galaad

IDUMEE
MOABITES
DESERT DE CADMOTH

PARTIE DE L'ARABIE PETREE

PARTIE DE L'ARABIE

DESERT DE MOAB

ROYAUME DES AMMONITES

DESERTE

AMALECITES PEUPLES
et
ROYAUME PARTIE DE L'ARABIE HEUREUSE

Autore: Johann Cristoph HARENBERG

Titolo: *Palestina in XII Tribus divisa, cum terris adiacentibus*

Anno: 1750

Tecnica: Incisione su rame

Misure: 448x527 mm

Mappa in bella coloritura d'epoca della Palestina e delle regioni confinanti, nel classico orientamento nord/sud. La costa è mostrata da Biblius sino al confine egiziano. La Palestina è divisa nelle 12 tribù, mentre in alto un inserto con una mappa schizzata mostra la stessa divisa nelle varie regioni. In basso a destra vi è un grande, fantastico e significativo cartiglio allegorico che contiene il titolo ed è sormontato da uno schekel (moneta locale) visto da entrambe le facce. Sotto il titolo, l'accampamento del popolo di Israele a Kades nel deserto di Param; in primo piano i due esploratori, mandati in avanscoperta nel paese di Canaan, tornano festanti e carichi di un immenso grappolo d'uva, segno della prosperità del paese dove "scorre latte e miele".

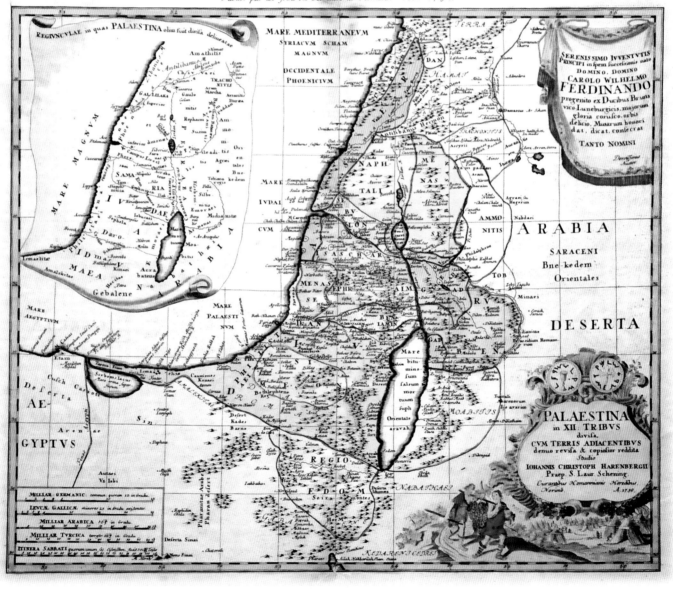

Autore: Antonio ZATTA

Titolo: *Le Dodeci Tribù d'Isdraele*

Anno: 1785

Tecnica: Incisione su rame

Misure: 420x320 mm

Mappa della Terra Santa in bella coloritura d'epoca nel classico orientamento nord/sud con la costa che corre da Sidone sino a Gaza e la divisione nelle 12 tribù, al di là e al di qua del Giordano. Nell'angolo in alto a sinistra vi è un inserto, sormontato da strumenti liturgici, che mostra la Terra di Canaan prima della conquista degli israeliti, con la suddivisione delle terre pagane.

La carta è tratta dal celebre *Atlante Novissimo*, la più bella e completa opera cartografica italiana del XVIII secolo, stampata a Venezia ad opera di A. Zatta.

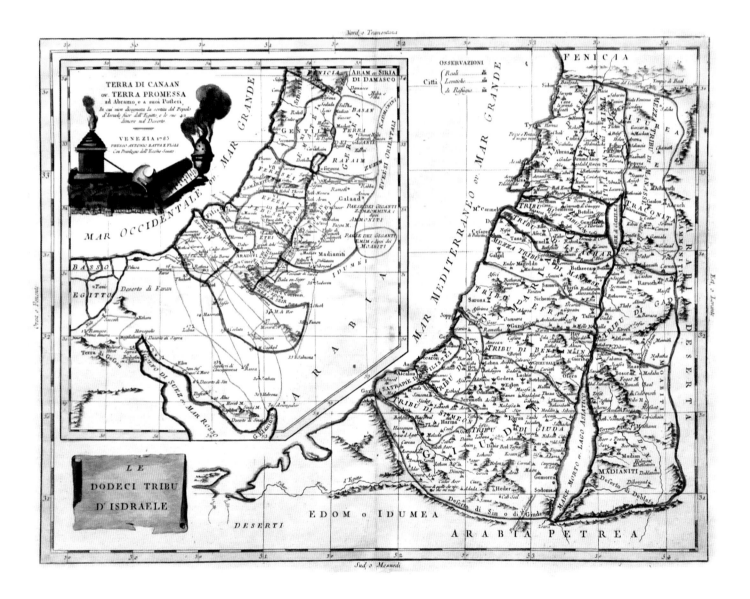

Autore: ignoto - da Alain MALLET

Titolo: *Palestine*

Anno: XIX

Tecnica: inchiostro di china ed acquarello

Misure: 215x262 mm

Carta manoscritta di autore inglese nel classico orientamento nord/sud con la divisione nelle 12 tribù. In basso a sinistra vi è un inserto con la pianta di Gerusalemme antica, con il Sion all'interno delle mura.

La mappa è derivata dal Mallet, cartografo francese del XVII secolo, che compilò e pubblicò una pregevole opera corredata di mappe, piante di città, costumi e vedute del mondo intero, intitolata *Description de l'Universe*. L'autore inglese ha preso a modello e disegnato, in modo pregevole e con grande cura, ad inchiostro e con lieve coloritura acquerellata, la carta della Palestina che, essendo manoscritta, risulta unica.

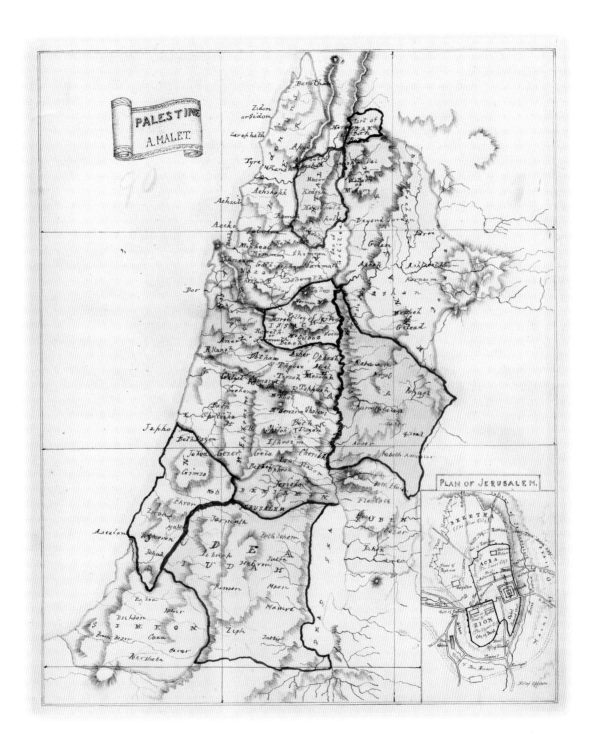

PALESTINE
A. MALET

PLAN OF JERUSALEM.

47

Autore: Matthaeus SEUTTER

Titolo: *Ierusalem, cum suburbiis prout tempore Christi*

Anno: 1745

Tecnica: Incisione su rame

Misure: 405x495 mm

Magnifica pianta, in coloritura d'epoca, di un'immaginaria Gerusalemme ai tempi di Gesù Cristo, ispirata al manoscritto di C. Van Adrichon del 1584 e tratta da *Atlas Novus* stampato ad Augsburg. Al centro, in alto, riporta la Croce Potenziata di Terra Santa.

La pianta della città è vista da ovest ed è corredata da una legenda estensiva, con 254 richiami e titolata *Beschereibung der Stadt Jerusalem*, che guida l'osservatore nell'identificazione di numerose vicende bibliche svoltesi fuori e dentro la Città Santa. La maggior parte delle scene riguarda i giorni di Gesù a Gerusalemme, ma vi sono rappresentati anche alcuni episodi tratti dall'Antico Testamento o dagli Atti degli Apostoli.

Nella Valle del Cedron e sul Monte degli Ulivi (in alto nella pianta) vi sono numerosi episodi facilmente riconoscibili: l'ingresso di Gesù in città, il pianto al Getsemani, la cattura e l'Ascensione contornata di nuvolette rosa. Dentro le mura, con la grande spianata del Tempio colorata di rosa, si riconoscono molti momenti e luoghi, soprattutto quelli legati al processo e all'inizio del cammino della Croce; l'edificio del Cenacolo è diviso in due stanze: in una è rappresentata la Cena, nell'altra la Pentecoste.

Uscendo dalla città in direzione nord-ovest (in basso a sinistra) il monte Calvario, l'Apparizione di Gesù ai suoi lungo la via per la città e, nell'angolo opposto, verso sud-ovest, l'incontro del Risorto coi discepoli di Emmaus; poco più in là, in un piccolo boschetto, l'impiccagione di Giuda.

Tra le vicende riguardanti personaggi dell'Antico Testamento si segnala in alto a destra, nel punto di incontro tra la Valle del Cedron e la Valle dell'Hinnon, l'episodio della morte di Isaia (di cui non parlano le Scritture) così come vuole un'antica tradizione, che lo vede condannato a morte sotto Manasse e segato in due.

Autore: Matthaeus SEUTTER

Titolo: *Prospectus Sanctae olim et celeberrimae Urbis Hierosolymae*

Anno: 1734

Tecnica: Incisione su rame

Misure: 487x569 mm

La tavola, in splendida coloritura d'epoca e con la Croce Potenziata di Terra Santa in alto a destra, è composta da due parti. La parte superiore, che occupa circa due terzi del foglio, ci mostra la pianta a volo d'uccello dell'antica Gerusalemme derivata dalla veduta di Villapando, geografo spagnolo del XVI secolo. La città è vista da est; in basso corre la Valle del Cedron con il Getsemani, il sepolcro della Vergine e l'edicola dell'Ascensione circondata da un muro. Sopra vi è la città con al centro il Tempio di Salomone e la Città di David collocata in alto a sinistra.

La dettagliata veduta prospettica moderna, che occupa il terzo inferiore del foglio, è derivata da quella del Merian, editore e topografo svizzero del XVII secolo; presenta la città vista dal Monte degli Ulivi, con la doppia porta d'oro alla base della grande Spianata del Tempio. La Cupola della Roccia è denominata qui Tempio di Salomone. Alle spalle emergono il Palazzo di David e la Basilica del Santo Sepolcro, più in alto verso destra. Nella veduta moderna il Monte Sion, all'interno delle mura in epoca antica e attrettanto nella pianta, rimane invece naturalmente fuori.

IERUSALEM

51